1 Ernährung bei Herz - Feuer

Diese Empfehlungen bitte immer mit dem TCM-Ernährungsberater/in, oder TCM-Arzt/in absprechen! Die Rezepte und Zutatenlisten unterstützen die Therapien nach der Traditionellen Chinesischen Medizin.

Die Kalorienangaben frischer Zutaten (Obst und Gemüse) schwanken je nach Qualität und Erntezeit. Die Inhalte wurden von einer Diätologin und einer Ernährungsberaterin für die Traditionelle Chinesische Medizin (TCM) geprüft.

Autor:
©2016 Josef Miligui
www.ebns.at

Titelfoto:
©2008 Erika Weixlbaumer

Quelle:
Die Listen werden aus der TCME-Datenbank für die Ernährungsberatung generiert. Die Datenbank wird von Ernährungsberater, Therapeuten, Ärzte und Gastronomiebetrieben für die Beratung der Patienten/Klienten und Gästen verwendet.

Literaturliste:
Wir haben die Unterlagen als Wissensbasis genutzt und an unsere Erfahrungen angepasst und ergänzt.
http://ebns.at/index.php/de/datenbank/literaturliste

Herstellung und Verlag:
BoD – Books on Demand, Norderstedt

ISBN
978-3-8423-7813-1

2 Definition der möglichen Symptome

Befragen
Durst
Durst
Emotionen
Erregtheit, erschöpfende Überaktivität
Oft Emotionen, LeQi Stagnation macht Hitze
Geschmack
Bitterer Mundgeschmack
Psyche
Unangebrachtes impulsives Verhalten, Psychosen,
Verfolgungswahn, Manien
Schlafgewohnheit
Schlaflosigkeit, viele Träume
Sprache
Laut und schnell, Rededurchfall
Urin
Dunkler Urin, Blut im Harn, brennen beim Urinieren

Betrachten
Körper
Herzklopfen, starke Rastlosigkeit, Hitzegefühl, rotes
Gesicht, roter Hals

Pulsdiagnostik
Puls
Voll, schnell, überflutend, ev. Unregelmäßig

Zungendiagnostik
Zunge
Rot, Spitze röter, ev. Geschwollen, gelber Belag, ev.
Mittelriss oder kleiner Riss an der Spitze

3   Therapiestrategie

Hitze kühlen u ausleiten, Geist beruhigen, Herz und Nieren Yin nähren, ev kühlen. - heiß NEIN, warm wenig bis NEIN, alles andere JA.

4   Vermeiden

Bitter austrocknendes konsequent, scharfheiße und -warme Gewürze, sehr salziges konsequent, gegrilltes, frittiertes, geröstetes, Yogitee, Kakao, Schoko, Hektik, Stress, Bildschirm, spät schlafen gehen.

5 Speiseplan

5.1 Frühstück

5.2 Jause

5.3 Mittag

5.4 Nachmittag

5.5 Abend

5.6 Jederzeit

6 Rezepte

empfehlenswert = Sie können mehr verwenden, weniger = wenn möglich weniger verwenden.

TL=Teelöffel, EL=Esslöffel, L=Liter, g=Gramm
M=Metall, W=Wasser, H=Holz, F=Feuer, E=Erde.
(Die Kochanleitung nach den Elementen finden Sie im Kapitel „Rezepte" am Ende des Buches.)

6.1 Acht Schätze Reis

Stärkt Niere und Blase, Baut Qi auf, Stärkt die Milz, Vertreibt Feuchtigkeit, reduziert innere Hitze, beugt Krebs vor, baut Herz auf.
Kalorien p. Portion 212
Kochdauer ca. 1 Stunde
Thermische Wirkung: neutral

Menge	Zutaten		
1 EL	Lilienzwiebel	empfehlenswert	
1 EL	Longane	wenig	
1 EL	Weißwurz		
1 EL	Yamswurzel, Yamswurzelknolle		
1 EL	Hiobsträne (Samen) YiYi Ren	ja	
1 EL	Makannasternsamen		
2 Tassen	Reis Wilder (Naturreis)	wenig	M
8-10 Tassen	Wasser	ja	E

Kochanleitung:
Je 1 EL: Bai He (Lilienzwiebel), Longan (Longane/Drachenaugenfrucht), Yu Zhu (Wohlriechender Weißwurz-Wurzelstock), Da Zao, Shan Yao (Yamswurzel, Yamswurzelknolle), Lian Mi, Yi Yi Ren (Samen der Hiobsträne), Qian Shi (Makannasternsamen)
Mit heißem Wasser übergießen und ca. 30 Min einweichen.
Anschließend: 1 – 2 Tassen Reis (normal) hinzufügen und ½ bis 1 Stunde köcheln, bis der Reis sehr weich ist. Oder: Mit Vollwertreis ca. 3 Stunden lang mit den Kräutern ein Congee kochen. Dann müssen die Kräuter nicht eingeweicht werden.

6.2 Adzukibohnen-Reis-Suppe

Reduziert Feuchtigkeit, leitet nach unten, reduziert Magen-Darm-Hitze, baut Essenz auf, stärkt Muskeln nach Hitze-Erkrankung: baut Körpersäfte auf.
Kalorien p. Portion 199
Kochdauer ca. 2 Sunden
Thermische Wirkung: neutral

Menge	Zutaten		
8 EL	Adzukibohnen	ja	W
2 EL	Reis Rundkornreis	wenig	M
2 Tassen	Wasser	ja	E
1 EL	Honig	ja	E

Kochanleitung:
Eingeweichte Adzukibohnen und Rundkornreis im Verhältnis 4:1 so lange bei kleiner Hitze in Wasser kochen, bis ein dünner Brei entstanden ist. Nach Bedarf süßen; eventuell pürieren.
Wirkung: Dieses Rezept kräftigt Niere, Milz und Magen und ist besonders für Mütter mit zu wenig Milchfluss geeignet

6.3 Apfelmus mit Rosinen

Nährt Säfte, reduziert Magenhitze, stärkt Milz, harmonisiert Magen. Befeuchtet, entspannt, baut Qi auf.
Kalorien p. Portion 73
Kochdauer ca. 25 Min.
Thermische Wirkung: kühl

Menge	Zutaten		
1 Kg	Apfel (süß)	ja	E
100 ml.	Wasser	ja	E
50 g.	Rosinen	wenig	E

Kochanleitung:
Die Äpfel waschen, schälen, vierteln und dabei das Kerngehäuse entfernen. Die Äpfel mit dem Wasser in einen Topf geben. Die Rosinen mit heißem Wasser waschen und dazugeben. Bei schwacher Hitze etwa 10 Minuten dünsten, dann abkühlen lassen. Für Kinder bis zu 10 Monaten das Mus im Mixer fein pürieren. Für die Größeren mit dem Kartoffelstampfer zerdrücken. In Tiefkühlbeutel oder in leere Joghurtbecher füllen und verschließen. Die Joghurtbecher verschließen. Im Schockgefrierfach einfrieren und bei Bedarf bei Zimmertemperatur etwa 6 Stunden auftauen lassen. (Ca. 4 Monate haltbar).
Das Obstmus ist als Nachtisch oder Zwischenmahlzeit gedacht. Es wirkt verdauungsfördernd. Bei Durchfall lieber Bananenmus geben.

6.4 Avocado mit Zitrone

Nährt Yin von Leber, Lunge und Dickdarm, befeuchtet, verteilt, kühlt Hitze, bewahrt die Säfte, zieht zusammen
Kalorien p. Portion 289
Kochdauer ca. 5 Min.
Thermische Wirkung: kalt

Menge	Zutaten		
1/2 Stück	Avocado	empfehlenswert	E
1/2 Stück	Zitrone Saft	ja	H
1 Prise	Salz	wenig	W

Kochanleitung:

Avocado halbieren, Kern entfernen, Zitronensaft hineingießen, salzen und auslöffeln.

6.5 Baby Bananenbrei

Reduziert innere Hitze, befeuchtet Darm, befeuchtet, entspannt. Nährt Yin von Herz, Magen und Niere, reduziert innere Hitze, bewahrt die Säfte, Stärkt
Nieren-Jing.
Kalorien p. Portion 235
Kochdauer ca. 10 Min.
Thermische Wirkung: kühl

Menge	Zutaten		
125 ml.	Wasser	ja	E
20 g.	Weizen Flocken	empfehlenswert	H
100 g.	Banane	ja	E
1 EL	Butter Bio	ja	E

Kochanleitung:

Das Wasser mit den Flocken in einem kleinen Topf verrühren. Bei schwacher Hitze zum Kochen bringen, 1-2 Minuten kochen lassen und dann von der Kochstelle ziehen. Die Banane in den Topf schneiden, die Butter zugeben und mit einem Pürierstab pürieren.
Sie können statt Butter auch Keimöl nehmen - besonders dann, wenn der Brei nicht mehr so heiß ist, verteilt sich das Öl leichter und angenehmer.
Wenn Sie statt Weizenflocken Buchweizen-, Hirse-, Mais oder Reisflocken verwenden, ist der Brei glutenfrei.

6.6 Blattsalat mit Frischkäse

Stärkt Herz und Nieren Yin.
Kalorien p. Portion 802
Kochdauer ca. 5 min.
Thermische Wirkung: neutral

Menge	Zutaten		
2 Portionen	Blattsalate (bitter)	empfehlenswert	F
150 g.	Frischkäse aus Soja		W
1 Messerspitze	Senf		M
1 Schuß	Zitrone Saft	ja	H
1 Prise	Salz	wenig	W

1 Prise	Pfeffer (gemahlen)	weniger als angegeben	M
2 TL	Kräuter verschiedene		
1 Prise	Schwarzkümmel		
2 Scheiben	Vollkornbrot		H

Kochanleitung:
Blattsalat waschen und fein zupfen.
150 ml Frischkäse, Spritzer Senf, Spritzer Zitronensaft, 1 Zehe
Knoblauch, gehackte frische Kräuter, Prise Pfeffer und zerstoßenem
Schwarzkümmel verrühren und drüber gießen. Dazu Vollkornbrot
servieren.

6.7 Bunte toskanische Bohnensuppe

Kühlt Hitze, produziert Körpersäfte. Nähren Yin von Herz und Niere,
entspannt, baut Qi auf, verteilt.
Kalorien p. Portion 249
Kochdauer ca. 2 Stunden
Thermische Wirkung: kühl

Menge	Zutaten		
50 g.	Nierenbohnen (rote)	ja	W
25 g.	Kichererbsen	ja	W
25 g.	Linsen (Helmbohnen)	ja	W
1 Stange	Sellerie Stangensellerie	empfehlenswert	E
2 Stück	Tomate	empfehlenswert	H
1/2 TL	Fenchelsamen gemahlen		E
1 Prise	Salz	wenig	W
1 Prise	Pfeffer (gemahlen)	weniger als angegeben	M
1 Zehe	Knoblauch	weniger als angegeben	M
3 EL	Olivenöl	empfehlenswert	E
600 ml.	Wasser	ja	E
5-7 Blätter	Basilikum (frisch)	empfehlenswert	M

Kochanleitung:
Hülsenfrüchte einweichen, kochen und pürieren. Gemüse, Gewürze,
Kräuter und Öl zugeben und alles 2 Stunden sanft garen.

Variante: Esskastanien (Maronen) geben dem Gericht noch eine
speziell italienische Note.

6.8 Chicoréesalat mit Mandarinen

Erfrischend baut Säfte auf. bei Blut- und Säftemangel von Herz und
Leber, leitet feuchte Hitze nach unten aus. Nicht bei Mitte-Qi-Mangel.
Kalorien p. Portion 256
Kochdauer ca. 10 min.
Thermische Wirkung: kühl

Menge	Zutaten		
4 Stück	Mandarine	ja	H
2-3 Stück	Chicorée	empfehlenswert	F
2 EL	Sesamöl	ja	E
1 Prise	Pfeffer (gemahlen)	weniger als angegeben	M
1 Prise	Salz	wenig	W
2 TL	Essig Aceto Balsamico		H
1/2 Stück	Zitrone	empfehlenswert	H
1/2 Stück	Orange	ja	H
1 Prise	Rosenpaprika Pulver		F
1 TL	Orangenmarmelade		H
1 EL	Sahne, süß 30%	ja	H
6 Scheiben	Weißbrot (Weizenbrot)		H

Kochanleitung:
Mandarinen schälen und in mundgerechte Stücke schneiden; Chicorée grob schneiden und beides vermischen.
Dressing: Sesamöl, Pfeffer, Salz, Himbeeressig oder Balsamico-Essig, etwas Zitronen- oder Orangensaft, Rosenpaprika, Orangenmarmelade oder ersatzweise eine andere Marmelade, wenig süße Sahne gut durchrühren; über den Salat geben und kurz durchziehen lassen.

6.9   Cranberrysaft

Kühlt Herz Hitze, nährt Herz Blut und Yin.
Kalorien p. Portion 43
Kochdauer ca. 5 Min.
Thermische Wirkung: kalt

Menge	Zutaten		
2 EL	Cranberrys		
1 Tasse	Wasser	ja	E
1 EL	Honig	ja	E

Kochanleitung:
Die Cranberrys mit etwas Wasser mit dem Pürierstab zu einem Brei mixen. Mit dem restlichen Wasser aufgießen und mit dem Honig süßen.

6.10 Erdbeersuppe mit Melonen

Stärkt Blut, kühlt Blut, bewahrt die Säfte, zieht zusammen, befeuchtet, verteilt, stärkt Herz Yin.
Kalorien p. Portion 87
Kochdauer ca. 5 Min.
Thermische Wirkung: kühl

Menge	Zutaten		
300 g.	Erdbeere	ja	H
70 ml	Erdbeersaftgetränk	ja	H

| 1/4 TL | Zitrone Schale | ja | F |
| 200 g | Honigmelone | empfehlenswert | E |

Kochanleitung:
Erdbeeren (frisch oder tiefgekühlt) und Erdbeersaft mit dem Mixstab pürieren, wenig Zucker untermischen.
Melonenfruchtfleisch in kleine Stücke schneiden.
Erdbeersuppe portionsweise anrichten. Melonenwürfel in die süße Suppe setzen.

6.11 Frischkäseersatz

Kühlt Hitze, hält Säfte, baut Blut und Yin auf.
Kalorien p. Portion 526
Kochdauer ca. 20 Min.
Thermische Wirkung: kühl

Menge	**Zutaten**		
1 Liter	Sojabohnenmilch	ja	E
1 Stück	Zitrone	empfehlenswert	H
2 EL	Kräuter verschiedene		
6 Scheiben	Vollkornbrot		H

Kochanleitung:
Sojamilch in einen Topf geben und unter gelegentlichem Rühren (brennt leicht an!) zum Kochen bringen, abkühlen lassen.
Zitrone auspressen und leicht unter die abgekühlte Sojamilch (ca. 80°C) rühren, ca. 20 min. ruhen bzw. gerinnen lassen.
Geronnene Sojamilch durch ein mit dem Geschirrtuch ausgelegtes Sieb schütten, Flüssigkeit ablaufen lassen und danach Restflüssigkeit mit dem Geschirrtuch auspressen.
Nach Geschmack mit frischen Kräutern verfeinern.
Dazu Vollkornbrot servieren.

6.12 Geriebener Apfel

Bewahrt die Säfte, zieht zusammen.
Kalorien p. Portion 120
Kochdauer ca. 10 Min.
Thermische Wirkung: kühl

Menge	**Zutaten**		
1 Stück	Apfel (sauer)	ja	H

Kochanleitung:
Apfel schälen und möglichst fein reiben. Danach mindestens 5 Minuten stehen lassen bis er braun geworden ist.

6.13 Geröstete Hirse mit Stangensellerie

Stärkt Milz und Niere, diuretisch. Bewegt Leber-Qi, kühlt Hitze, befeuchtet, entspannt, baut Qi auf, verteilt.
Kalorien p. Portion 400
Kochdauer ca. 30
Thermische Wirkung: kühl

Menge	Zutaten		
1 Tasse	Hirse	ja	E
2 Tassen	Wasser	ja	E
2 Stangen	Sellerie Stangensellerie	empfehlenswert	E
1 EL	Kräuter verschiedene		
2 EL	Wasser	ja	E
1 Prise	Salz	wenig	W
3-4 Blätter	Salbei	empfehlenswert	F
1 TL	Kresse	empfehlenswert	M

Kochanleitung:
Hirse kurz anrösten, mit Wasser übergießen kurz aufkochen und 20 min. quellen lassen.

Stangensellerie klein schneiden und mit Wasser, Salz und frische Kräuter 10 min. kochen und zu der Hirse geben. Frischen Salbei oder Kresse kleingehackt drüberstreuen.

6.14 Gerstenbrei mit Pflaumen

Stärkt Milz, kühlt Blase, diuretisch, befeuchtet Darm, entspannt, baut Qi auf, verteilt. Nährt Blut und Säfte, reguliert Qi, kühlt Leberfeuer, produziert Körpersäfte. Stärkt Qi und Nieren-Jing, befeuchtet, entspannt, baut Qi auf, verteilt.
Kalorien p. Portion 106
Kochdauer ca. 25 Min.
Thermische Wirkung: neutral

Menge	Zutaten		
10 Tassen	Wasser	ja	E
1 Tasse	Gerste	empfehlenswert	E
1 Tasse	Pflaume	ja	H
2 TL	Butter Bio	ja	E
1/2 TL	Zucker Ursüße (Zuckerrohr) süß	ja	E

Kochanleitung:
Die Gerste zu grobem Schrot mahlen und trocken anrösten. Heißes Wasser aufgießen und bei wenig Hitze zu einem Brei quellen lassen.
Am Ende Pflaumen, etwas Butter und Süßmittel zugeben.
Variante: Wenn es morgens schnell gehen soll, kann man an Stelle von Schrot Gerstenflocken verwenden.

6.15 Grießnockerl mit Mascarpone und Erdbeersauce

Befeuchtet, produziert Körpersäfte, stärkt Milz und Magen, befeuchtet Darm, kühlt innere Hitze. Nährt Yin von Herz und Niere, Stärkt Mittleren Erwärmer.

Kalorien p. Portion 331
Kochdauer ca. 25 Min.
Thermische Wirkung: neutral

Menge	Zutaten		
400 ml	Kuhmilch (1,5 % Fett)	ja	E
70g	Weizen Grieß	empfehlenswert	H
1 Prise	Zimtpulver	weniger als angegeben	M
1 Prise	Zitrone Schale	ja	F
1 TL	Honig	ja	E
1 Prise	Vanilleschote		E
80 g.	Mascarpone	empfehlenswert	H
500 g.	Erdbeere	ja	H
1 EL	Honig	ja	E

Kochanleitung:
In einem kleinen Topf die Milch unter Rühren zum Kochen bringen. Grieß, Zimt und Zitronenschale einrühren und unter Rühren in 6 Minuten einen dicken, festen Brei kochen. Grießbrei, Honig, Vanille und Mascarpone mit dem Handmixer zu einer glatten Masse verrühren. Die Masse im Kühlschrank erkalten lassen.
Für die Sauce Erdbeeren mit Honig im Mixer. Ein paar Löffel Fruchtsauce auf einem großen Teller verteilen. Mit 2 Esslöffeln Nockerl aus der Grießmasse abstechen (Um das Ankleben zu verhindern immer wieder in kaltem Wasser abspülen). Die Nockerl auf den Fruchtspiegel setzen. Besonders schön sieht es aus, wenn das Dessert noch mit ein paar Beeren und Kräuterblättchen garniert wird.

6.16 Grießschnitten

Nährt Säfte, befeuchtet Trockenheit, Schwächezustände, produziert Körpersäfte, befeuchtet Darm, kühlt innere Hitze, baut Qi auf, verteilt. Befeuchtet, bewahrt die Säfte, zieht zusammen.

Kalorien p. Portion 331
Kochdauer ca. 30 Min.
Thermische Wirkung: kühl

Menge	Zutaten		
200 ml.	Kuhmilch (Vollmilch 3,5 % Fett)	ja	E
30 g.	Weizen Grieß	empfehlenswert	H
1 TL	Butter Bio	ja	E
80 g.	Banane	ja	E
1 TL	Orangensaft	ja	H

Kochanleitung:
Den Backofen auf 200° (Gas Stufe 3) vorheizen. 125 ml Milch aufkochen und den Grieß einrieseln lassen. Bei mittlerer Hitze dick einkochen lassen. Die Butter unterrühren. Den Brei in ein Ragout-Fin-Förmchen streichen, im Backofen (Mitte) in etwa 15 Minuten hellbraun überbacken. Die restliche Milch mit der Banane und dem Orangensaft pürieren und alles in einen tief en Teller gießen. Den Brei herauslösen, in Scheiben schneiden und neben die Sauce legen.

6.17 Grundrezept für eine Entenbrühe

Stärkt Qi, Blut und Säfte, nährt Yin, stärkt Magen, kühlt Hitze. Stärkt Milz und Leber, bei Kindern: fördert Wachstum (v.a. des Gehirns).
Kalorien p. Portion 61
Kochdauer ca. 2-3 Stunden
Thermische Wirkung: kühl

Menge	Zutaten		
1/2 Liter	Wasser	ja	E
200 g.	Ente (Herz)	ja	H
100 g.	Ente (Frühmastente, schlachtfrisch)	empfehlenswert	H
2 Stück	Karotte (Mohrrübe, Möhre)	wenig	E
1/2 Stück	Sellerie Knolle	ja	E

Kochanleitung:
Entenklein mit Gemüse 2-3 Stunden köcheln. Brühe durch ein feines Tuch sieben und im Kühlschrank aufbewahren.

Variante: Die Innereien können weiterverwendet werden: Man schneidet sie fein und lässt sie einige Minuten mit frischem Gemüse in der Brühe ziehen. Vor dem Servieren mit Petersilie bestreuen.

6.18 Kaffee

Shen und Herz, leitet nach unten, entspannt, baut Qi auf, verteilt.
Kalorien p. Portion 16
Kochdauer ca. 5 Min.
Thermische Wirkung: neutral

Menge	Zutaten		
1 EL	Kaffee	weniger als angegeben	F
1 Tasse	Wasser	ja	E
1 TL	Zucker (weiß, aus Rüben)	ja	E

Kochanleitung:
Je nach Geschmack einen Filterkaffee, Espresso oder "Türkischen" zubereiten.

6.19 Kartoffeln mit Bärlauch-Topfen

Stärkt Qi, stärkt Milz, lindert Entzündungen. Nährt Blut und Yin, stärkt Zang-Organe, stärkt Magen-Darm, harmonisiert Qi, lindert Alkoholvergiftung,
befeuchtet Lunge, bewegt Qi.
Kalorien p. Portion 254
Kochdauer ca. 20 Min.
Thermische Wirkung: kühl

Menge	Zutaten		
300 g.	Kartoffel	ja	E
1 Prise	Salz	wenig	W
2 Handvoll	Bärlauch (Knoblauchspinat)		M
250 g.	Topfen 20%	ja	H
2 EL	Joghurt (Natur, 1,5 % Fett)	empfehlenswert	F
1 Prise	Salz	wenig	W

Kochanleitung:
Kartoffeln in Salzwasser kochen und schälen.
Die Bärlauchblätter werden gewaschen und vorsichtig abgetrocknet und in feine Streifen geschnitten. Topfen, Jogurt und Salz vermischen und die gehackten Bärlauchstücke untermischen. Zu den Kartoffeln servieren.
In der Jahreszeit in der kein Bärlauch wächst kann das Bärlauch-Pesto verwendet werden.

6.20 Kartoffelpuffer

Stärkt Qi, stärkt Milz, lindert Entzündungen, befeuchtet, entspannt, baut Qi auf, verteilt. Stärkt Blut, Yin und Jing, nährt Yin, befeuchtet bei innerer Trockenheit, stärkt Blut, stärkt Milz, beruhigt Nerven und Magen.
Kalorien p. Portion 893
Kochdauer ca. 15 Min.
Thermische Wirkung: kühl

Menge	Zutaten		
250 g.	Kartoffel (mehlige)		E
10 g.	Weizen Mehl	ja	H
1 Stück	Huhn Ei	ja	E
2 EL	Rapsöl	ja	E
1 Prise	Salz	wenig	W
50 g.	Sahne sauer 20%		H
1 Prise	Salz	wenig	W
1 EL	Kräuter verschiedene		

Kochanleitung:
Die geschälten Kartoffeln fein reiben, die übrigen Zutaten dazugeben, gut mischen, mit Salz abschmecken. Öl erhitzen und mit dem Löffel kleine flache Kuchen in die Pfanne geben. Kartoffelpuffer auf beiden Seiten knusprig goldbraun backen. Am Teller anrichten und mit saurer Sahne anrichten, salzen und mit Kräuter bestreuen

6.21 Kichererbsengemüse mit Rosinen

Stärkt Milz und Leber, reguliert Qi-Fluss, befeuchtet, entspannt, baut Qi auf, verteilt. Stärken Milz und Herz, weicht auf, leitet nach unten. Wärmt Magen und Milz, harmonisiert den Darm, stärkt Qi-Funktion, reduziert Feuchtigkeit.
Kalorien p. Portion 429
Kochdauer ca.
Thermische Wirkung: kühl

Menge	Zutaten		
1 Tasse	Kichererbsen	ja	W
1 EL	Hijiki		W
1 Prise	Salz	wenig	W
1 EL	Sonnenblumenöl	ja	E
2 Stück	Karotte (Mohrrübe, Möhre)	wenig	E
2 EL	Rosinen	wenig	E
1/2 TL	Ingwer frisch	weniger als angegeben	M
1 Prise	Cumin (Kreuzkümmel)	weniger als angegeben	M
1 Schuß	Zitrone Saft	ja	H
1 EL	Sauerrahm 15% Fett	ja	H
1 Prise	Curcuma (Gelbwurz)	wenig	
1 Schuß	Sojabohnenmilch	ja	E
1 Prise	Koriander	weniger als angegeben	M
1 Schuß	Sojasauce	ja	W
1/2 Tasse	Reis Rundkornreis	wenig	M
3 Tassen	Wasser	ja	E
1 Prise	Salz	wenig	W

Kochanleitung:
Vorbereitung: Kichererbsen in kaltem Wasser mehrere Stunden oder über Nacht einweichen. Danach: Einweichwasser wegschütten; die Kichererbsen in kaltem Wasser aufsetzen; 1 EL Hijiki zufügen und die Kichererbsen bissfest kochen; Salz am Ende der Kochzeit zugeben.

Separat. In einer heißen Pfanne Öl, kleingeschnittene Karotten (eine größere Menge als Kichererbsen), Rosinen, geriebenen Ingwer, reichlich Cumin und Salz sanft braten, bis die Karotten halb gar sind; die Kichererbsen und Meeresalgen dazugeben; Zitronensaft, etwas Sauerrahm, Curcuma, Soja- oder Reismilch dazugeben; eine Prise

Koriander, etwas Sojasoße untermengen; einige Minuten bei schwacher Hitze durchziehen lassen, bis die Karotten gar sind.

Rundkornreis mit dem Wasser aufsetzen, salzen und ca. 20 Min. kochen.

6.22 Kompott aus Rhabarber

Kühlt Hitze, bewahrt die Säfte, zieht zusammen. Stärkt Mittleren Erwärmer, befeuchtet.
Kalorien p. Portion 48
Kochdauer ca. 15 Min.
Thermische Wirkung: kalt

Menge	Zutaten		
100 g.	Rhabarber	ja	H
1 Tasse	Wasser	ja	E
1 EL	Honig	ja	E

Kochanleitung:
Rhabarber waschen und klein schneiden. Im Wasser weichkochen. Ein wenig abkühlen lassen und den Honig dazugeben.

6.23 Kühlendes Reisgericht mit Grapefruit

Senkt das Lungen-Qi ab, nährt Säfte, löst Schleim, trocknet aus, leitet nach unten. Wärmt Magen und Milz, harmonisiert den Darm, stärkt Qi-Funktion, reduziert Feuchtigkeit. Stärkt Qi und Nieren-Jing, befeuchtet, entspannt, baut Qi auf, verteilt.
Kalorien p. Portion 234
Kochdauer ca. 20 Min.
Thermische Wirkung: neutral

Menge	Zutaten		
1 Tasse	Reis Rundkornreis	wenig	M
5 Tassen	Wasser	ja	E
2 EL	Haselnüsse	ja	E
2 EL	Rosinen	wenig	E
1 EL	Agavendicksaft		
1 Prise	Salz	wenig	W
1 EL	Mandelmus	wenig	E
1 Stück	Grapefruit/Pampelmuse/Pomelo	ja	F
2 TL	Butter Bio	ja	E

Kochanleitung:
Vorbereitung am Vorabend: Rundkornreis in kaltes Wasser geben und kochen. In etwas heißem Wasser gehackte Haselnüsse, Rosinen über Nacht einweichen.

Am Morgen: In wenig heißes Wasser etwas Agavendicksaft einrühren; den Reis dazugeben und erhitzen; eine kleine Prise Salz, Mandelmus, kleingeschnittene Grapefruit, die eingeweichten gehackten Haselnüsse und Rosinen dazugeben und vermischen; mit einem kleinen Stück Butter darauf servieren.

6.24 Kuzusuppe in der Früh

Befeuchtet, entspannt, baut Qi auf, verteilt. Stärkt Magen, harmonisiert Mitte, reduziert innere Hitze, entgiftet, weicht auf, leitet nach unten.
Kalorien p. Portion 12
Kochdauer ca. 5 min.
Thermische Wirkung: neutral
Therapeutisches Rezept

Menge	Zutaten		
1 TL	Kuzu	ja	E
1/4 Liter	Wasser	ja	E
1 Schuß	Sojasauce	ja	W
1 Messerspitze	Umeboshipaste		W

Kochanleitung:
Kuzu mit kaltem Wasser anrühren und unter Rühren zum Kochen bringen. Sobald es glasig wird vom Herd nehmen und abkühlen lassen. Mit Tamari und Umeboshipaste oder zerkleinerten Umeboshi-Pflaumen abschmecken
Es besteht immer die Möglichkeit Ihren Magen und Darm mit diesem Rezept vor dem richtigen Frühstück zu unterstützen.
Eine morgendliche Kur für Magen und Schleimhäute. Bringt den Basenhaushalt in Ordnung.

6.25 Melanzani mit Olivenöl und Kurkuma

Kühlt und bewegt Blut, reduziert äußeren und inneren Wind, reduziert innere Hitze. Nährt Leber-Yin, kühlt Hitze, produziert Körpersäfte. Befeuchtet, entspannt, baut Qi auf, verteilt.
Kalorien p. Portion 432
Kochdauer ca. 30 Min.
Thermische Wirkung: kühl

Menge	Zutaten		
2 Stück	Aubergine	ja	E
4 EL	Olivenöl	empfehlenswert	E
4 Stück	Tomate	empfehlenswert	H
1/2 TL	Kurkuma (Gelbwurz)		F
1 Prise	Kümmel		E
1 Prise	Salz	wenig	W
4 Scheiben	Weißbrot (Weizenbrot)		H

Kochanleitung:

Melanzani in Scheiben schneiden und mit den Tomaten auf einem Backblech ausbreiten. Mit Olivenöl beträufeln und mit Kurkuma, Kümmel und Salz würzen. Im Rohr 20 min. backen.
Mit dem Weißbrot servieren.

6.26 Palatschinken mit Spinat und Parmesan

Nährt Blut und Yin, harmonisiert Qi. Nährt Säfte, befeuchtet Trockenheit. Stärkt Blut, Yin und Jing, nährt Yin von Herz und Niere.
Kalorien p. Portion 329
Kochdauer ca. 25 Min. (+Grundrezept)
Thermische Wirkung: neutral

Menge	Zutaten		
100 g.	Vollkornmehl		H
100 g.	Weizen Mehl	ja	H
4 Stück	Huhn Ei	ja	E
400 ml.	Kuhmilch (Vollmilch 3,5 % Fett)	ja	E
1 Prise	Salz	wenig	W
1 EL	Sonnenblumenöl	ja	E
1 EL	Olivenöl	empfehlenswert	E
1 Stück	Zwiebel weiss	weniger als angegeben	M
1/2 Bund	Petersilie	wenig	H
150 ml.	Grundrezept für eine Gemüsebrühe nahrhaft		
1/4 TL	Basilikum (frisch)	empfehlenswert	M
1 Prise	Muskatnuss	weniger als angegeben	M
3 EL	Creme fraiche		F
600 g.	Spinat	ja	E
1 Prise	Salz	wenig	W
1 Prise	Pfeffer (gemahlen)	weniger als angegeben	M
60 g.	Parmesan	ja	E

Kochanleitung:

Mehl, Eier und Milch und eine Prise Salz mit dem Schneebesen glatt rühren. Aus dem Teig Palatschinken auf beiden Seiten knusprig braun braten.
Öl in einem kleinen Topf erhitzen. Kleingeschnittene Zwiebel darin gut weich dünsten. Kleingehackte Petersilie unterrühren, kurz mitdünsten.
Mit der Gemüsebrühe aufgießen, mit Basilikum und Muskat würzen.
Zugedeckt 15 Minuten köcheln, Creme fraiche dazugeben und alles fein pürieren.
Den gewaschenen tropfnassen Spinat mit etwas Salz in einem geschlossenen Topf bei mäßiger Hitze in 3 Minuten zusammenfallen, in einem Sieb abtropfen lassen und in kleine Stücke schneiden.
Spinat in die Soße rühren, kurz erhitzen. Parmesan untermischen.
Die Palatschinken mit dem Cremespinat füllen.

6.27 Rahmkartoffeln mit Blumenkohl

Stärkt Qi, stärkt Milz, lindert Entzündungen, befeuchtet, entspannt, baut Qi auf, verteilt. Nährt Lungen-Yin, produziert Körpersäfte, kühlt innere Hitze. Stärkt Qi und Nieren-Jing, harmonisiert Leber und Milz, stärkt Sehkraft.
Kalorien p. Portion 332
Kochdauer ca. 30 Min.
Thermische Wirkung: neutral

Menge	Zutaten		
150 g.	Kartoffel	ja	E
50 g.	Blumenkohl (Karfiol)	ja	E
3 EL	Kuhmilch (Vollmilch 3,5 % Fett)	ja	E
1 EL	Sahne, süß 30%	ja	H
1 TL	Butter Bio	ja	E
1 TL	Petersilie	wenig	H
1 Stück	Huhn Eigelb		E

Kochanleitung:
Die Kartoffeln unter fließendem Wasser, den Blumenkohl in stehendem Wasser gründlich waschen. Die Blumenkohlröschen in kleine Knospen teilen, die Stiele in etwa 1 cm große Stücke schneiden. Die Kartoffeln schälen und in etwa 2 cm große Würfel schneiden. Die Milch mit der Sahne in einem Topf erhitzen, die Kartoffeln und den Blumenkohl dazugeben. Bei schwacher Hitze in etwa 15 Minuten garen.
Das Gemüse in einen Warmhalteteller geben, die Butter, die gehackte Petersilie und das Eigelb hinzufügen und alles mit einer Gabel leicht verkneten und mischen.

6.28 Reis mit gedämpftem Gemüse

Leitet Hitze und Feuchtigkeit aus
Kalorien p. Portion 92
Kochdauer ca. 20 min (+Grundrezept)
Thermische Wirkung: neutral

Menge	Zutaten		
1 Tasse	Grundrezept für eine Reissuppe (Congee)	ja	
3 Tassen	Wasser	ja	E
1 Stück	Zitrone Schale	ja	F
1/8 Liter	Wasser	ja	E
2 Stück	Karotte (Mohrrübe, Möhre)	wenig	E
1/2 Stück	Sellerie Stangensellerie	empfehlenswert	E
1/2 Tasse	Champignon	empfehlenswert	E
2 EL	Kresse	empfehlenswert	M
1 Schuß	Leinöl		E

Kochanleitung:
Reis nach Grundrezept kochen. Zitronenschale mitkochen.
Wasser aufstellen und kleingeschnittene Karotten, Stangensellerie und
Champignons in Gemüseeinsatz dämpfen bis sie weich sind.
Anschließend mit Kresse bestreuen. Dann ein Schuß hochwertiges
kaltes Öl zugeben

6.29 Reis mit Pastinake

Reguliert Qi, trocknet aus, leitet nach unten. Wärmt Magen und Milz,
harmonisiert den Darm, stärkt Qi-Funktion, reduziert Feuchtigkeit.
Befeuchtet, entspannt, baut Qi auf, verteilt. Vertreibt Schleim, leitet
nach unten, Aktiviert Wei Qi, stärkt Qi.
Kalorien p. Portion 206
Kochdauer ca. 45 Min.
Thermische Wirkung: kühl

Menge	Zutaten		
1 Tasse	Reis Sorte beliebig	wenig	M
2 Tassen	Wasser	ja	E
1 Prise	Salz	wenig	W
3-4 Stück	Pastinake	ja	F
1 EL	Olivenöl	empfehlenswert	E
1 TL	Salbei	empfehlenswert	F

Kochanleitung:
Pastinake schälen und in Scheiben schneiden. Kurz in Öl anbraten.
Reis hinzugeben und kurz anbraten. Mit Wasser übergießen und mind.
30 min. kochen lassen. Mit wenig frischem gehacktem Salbei
bestreuen.

6.30 Reissuppe mit Ente

Nährt Yin. Wärmt Magen und Milz, harmonisiert den Darm, stärkt Qi-
Funktion, reduziert Feuchtigkeit. Nährt Blut und Leber, harmonisiert
Leber und Milz. Befeuchtet, entspannt, baut Qi auf, verteilt
Kalorien p. Portion 160
Kochdauer ca. 1 1/2 Stunden
Thermische Wirkung: kühl

Menge	Zutaten		
1 Tasse	Reis Rundkornreis	wenig	M
8 Tassen	Wasser	ja	E
250 g.	Ente (Frühmastente, schlachtfrisch)	empfehlenswert	H
4-6 Stück	Shiitake, getrocknet	ja	E
2 EL	Petersilie	wenig	H
1 TL	Butter Bio	ja	E
1 Schuß	Sojasauce	ja	W

Kochanleitung:

Shiitakepilze einweichen. Reissuppe nach Grundrezept zubereiten. In den letzten 30 Kochminuten Entenfleisch und Shiitakepilze zugeben. Austernpilze, Petersilie und etwas Butter erst ganz am Ende hineingeben. Mit Sojasoße nachwürzen.
Variante: Eingeweichte und gekochte Adzukibohnen zugeben. Sie verstärken den harntreibenden Effekt.

6.31 Rhabarberkuchen mit Streusel

Kühlt Hitze, bewahrt die Säfte, zieht zusammen. Nährt Yin von Herz und Niere, befeuchtet, bewahrt die Säfte, zieht zusammen. Stärkt Mittleren Erwärmer, befeuchtet.
Kalorien p. Portion 475
Kochdauer ca. 1 1/2 Stunden
Thermische Wirkung: kühl

Menge	Zutaten		
400 g.	Weizen Mehl	ja	H
250 ml.	Kuhmilch (Vollmilch 3,5 % Fett)	ja	E
30 g.	Hefe		H
2 TL	Honig	ja	E
2 TL	Sonnenblumenöl	ja	E
1 Stück	Zitrone Schale	ja	F
1 Prise	Salz	wenig	W
1 Kg	Rhabarber	ja	H
120 g.	Margarine	ja	E
300 g.	Weizen Mehl	ja	H
2 Prisen	Vanillezucker Natur		E
2 Prisen	Zimtpulver	weniger als angegeben	M
5 EL	Honig	ja	E

Kochanleitung:

Mehl, abgeriebene Zitronenschale und Salz mischen. Milch leicht erwärmen und mit Hefe und Honig verrühren. Dann das Mehlgemisch und das Öl dazugeben und kräftig durchkneten.
Den Teig zugedeckt an einem warmen Ort gehen lassen, bis er die doppelte Menge erreicht hat. (ca. 30 Minuten)
Nun für die Streusel Mehl mit Vanille und Zimt mischen, danach Honig und Margarine hinzufügen und zu einer krümeligen Masse verarbeiten. Streuselteig noch kühl stellen.
Ein Backblech mit Backpapier auslegen.
Den Teig für den Boden noch einmal durchkneten, ausrollen, auf das Backblech legen und noch einmal 10 Minuten gehen lassen.
Den Rhabarber putzen, waschen, längs halbieren und in ca. 3 cm große Stücke schneiden. Die Stücke nun gleichmäßig auf dem ausgerollten Teig verteilen und die Streusel über den gesamten Kuchen

krümeln.
Den Kuchen in den auf 175°C vorgeheizten Backofen schieben und ca.
40 Minuten backen.

6.32 Schwarzwurzel mit Joghurt

Nährt Yin, entspannt, baut Qi auf. Befeuchtet Trockenheit, bewahrt die
Säfte.
Kalorien p. Portion 284
Kochdauer ca. 20 min
Thermische Wirkung: kühl

Menge	Zutaten		
1/2 Kg.	Schwarzwurzel	ja	E
4 EL	Joghurt (Natur, 1,5 % Fett)	empfehlenswert	F
1 Prise	Salz	wenig	W
2 EL	Kräuter verschiedene		
6 Scheiben	Mehrkornbrot (Graubrot)		H

Kochanleitung:
Schwarzwurzel schälen und in Salzwasser kochen bis sie weich sind.
Das Wasser wegschütten, Schwarzwurzel auskühlen lassen und klein
schneiden. Mit Joghurt übergießen und mit frischen Kräutern bestreuen.
Mit dem Mehrkornbrot servieren.

6.33 Spargelcremesuppe

Nährt Yin von Lunge und Niere, produziert Körpersäfte, ernährt Yin,
befeuchtet, entspannt, baut Qi auf, verteilt. Befeuchtet, führt ab,
antiparasitisch. Nährt Blut und Leber, harmonisiert Leber und Milz.
Nährt Yin von Herz und Niere.
Kalorien p. Portion 240
Kochdauer ca. 45 Min.
Thermische Wirkung: kühl

Menge	Zutaten		
200 g	Spargel (grün oder weiß)	ja	E
1/2 Liter	Wasser	ja	E
3 EL	Rapsöl	ja	E
2 EL	Weizen Mehl	ja	H
1 Stück	Huhn Eigelb		E
1 EL	Kuhmilch (Vollmilch 3,5 % Fett)	ja	E
1 EL	Sauerrahm 15% Fett	ja	H
1 Prise	Pfeffer (gemahlen)	weniger als angegeben	M
1 Prise	Muskatnuss	weniger als angegeben	M
1 TL	Zitrone Saft	ja	H
2 EL	Petersilie	wenig	H
1 Prise	Salz	wenig	W

Kochanleitung:
Den Spargel waschen und schälen. Wasser, etwas Zitronensaft und Prise Salz zum Kochen bringen. Die Spargelstangen zusammenbinden. Spargelschalen ins Kochwasser geben und aufkochen lassen. Den Spargel in die kochende Flüssigkeit geben, auf kleiner Hitze ca. 20 Minuten garen lassen. Danach die Spargelbündel herausnehmen und den Sud durch ein Sieb gießen.

Für die Einbrenn, das Öl in einem Topf erhitzen, das Mehl dazu geben und farblos anschwitzen, mit dem Spargelsud langsam auffüllen und 10 Minuten köcheln lassen.

Die Spargelstangen in ca. 3 cm lange Stücke schneiden und unter die abgebundene Suppe geben. Kurz vor dem Servieren die Suppe nochmals aufkochen lassen. Das Eigelb mit der Milch und Sauerrahm verrühren.

Den Topf vom Herd nehmen und danach das Eigelb-Milch-Gemisch unterrühren. Mit Pfeffer und Muskat abschmecken, mit der gehackten Petersilie dekorieren und sofort servieren.

6.34 Tee Algentee

Stärkt Herz Blut und Feuer, stärkt Herz und Nieren Yin.
Kalorien p. Portion 0
Kochdauer ca. 10 min.
Thermische Wirkung: kühl
Therapeutisches Rezept

Menge	Zutaten		
2 TL	Hijiki		W
1/2 Liter	Wasser heiss	ja	

Kochanleitung:
Hijiki Alge mit heissem Wasser ca. 10 min köcheln lassen. Danach Sud trinken.

6.35 Tee Grüner

Reduziert innere Hitze, löst Schleim, entgiftet.
Kalorien p. Portion 2
Kochdauer ca. 10 Min.
Thermische Wirkung: kühl

Menge	Zutaten		
1 TL	Grüner Tee	ja	F
1 Tasse	Wasser	ja	E

Kochanleitung:
Pro Tasse verwendet man einen Teelöffel voll oder einen Teebeutel. Grüntee nur mit 60 bis 80 °C heißem Wasser übergießen, da er sonst

bitter wird.

Soll der Tee eine anregende Wirkung haben, lässt man ihn zwei bis drei Minuten ziehen. Eher beruhigend wirkt er bei einer Ziehdauer von fünf Minuten (nicht länger, sonst wird er bitter!).

Eine andere Methode: Man übergießt die Teeblätter mit ca. 70 °C heißem Wasser und gießt das Wasser sofort wieder ab. Dann einfach noch mal heißes Wasser nachgießen. Die Bitterstoffe verschwinden und der Tee bekommt ein milderes Aroma.

6.36 Tee Löwenzahntee

Kühlt Leber-Hitze, reduziert innere Hitze, weicht Knoten auf.
Kalorien p. Portion 1
Kochdauer ca. 15 Min.
Thermische Wirkung: kühl
Therapeutisches Rezept

Menge	Zutaten		
2-4 TL	Löwenzahn (junger)	empfehlenswert	F
1/2 Liter	Wasser	ja	E

Kochanleitung:
Der kleingeschnittenen Löwenzahn wird mit kaltem Wasser übergossen. Das Ganze erhitzen bis es siedet und eine Minute kochen. Anschließend zehn Minuten ziehen lassen, filtern und .. genießen. Ev. mit Honig süßen.

6.37 Tee Malventee

Bewahrt die Säfte, zieht zusammen. Kühlt Leber-Feuer, Stärkt Magen-Yin. Löst Schleim der Herzporen.
Kalorien p. Portion 0
Kochdauer ca. 10 Min.
Thermische Wirkung: kühl
Therapeutisches Rezept

Menge	Zutaten		
2 Teebeutel	Malventee	empfehlenswert	
1/2 Liter	Wasser	ja	E

Kochanleitung:
Wasser zum sieden bringen und wegstellen. Malventee dazugeben und 10 min. ziehen lassen. Ev. mit Honig süßen.

6.38 Tee Pfefferminz-Tee mit weißem Zucker

Kühlt Hitze, vertreibt Schleim, Leitet Wind Kälte und Wind Hitze aus, bewegt Ma Qi, löst Stau. Stärkt Qi, befeuchtet Lunge.

Kalorien p. Portion 7
Kochdauer ca. 15 Min.
Thermische Wirkung: kühl
Therapeutisches Rezept

Menge	**Zutaten**		
1 EL	Pfefferminze	empfehlenswert	M
1/2 Liter	Wasser	ja	E
1 TL	Zucker Kandis weiß	ja	E

Kochanleitung:
Wasser zum sieden bringen und wegstellen. Pfefferminze hineingeben und 10 min. ziehen lassen. Abseihen. Nach Geschmack süßen.

6.39 Tee Stangensellerietee

Bewegt Leber-Qi, kühlt Hitze, befeuchtet, entspannt, baut Qi auf, verteilt.
Kalorien p. Portion 0
Kochdauer ca. 15 Min.
Thermische Wirkung: kühl
Therapeutisches Rezept

Menge	**Zutaten**		
2 EL gehackte	Sellerie Stangensellerie	empfehlenswert	E
1/2 Liter	Wasser	ja	E

Kochanleitung:
Wasser zum sieden bringen und wegstellen. Kleingeschnittene Stangensellerie dazugeben und 10 min. ziehen lassen. Ev. mit Honig süßen. Beim eingießen abseihen.

6.40 Tee Süßholz-Tee (herzstärkend)

Stärken Milz und Magen-Qi. Nährt Yin von Herz und Niere, befeuchtet, stärkt Herz und Niere, reduziert innere Hitze, bewahrt die Säfte, zieht zusammen.
Kalorien p. Portion 19
Kochdauer ca. 15 Min.
Thermische Wirkung: neutral
Therapeutisches Rezept

Menge	**Zutaten**		
2-4 TL	Süßholzwurzeltee		
2 EL gehackte	Datteln rot		E
2 TL gemahlen	Weizen	empfehlenswert	H
1/2 Liter	Wasser	ja	E

Kochanleitung:
Süßholzwurzel, Rote Datteln und Weizen 40 Minuten köcheln, abseihen

und den Tee im Kühlschrank aufbewahren. Die Zutaten wegwerfen.

Variante: Dieses Rezept kann mit Hühnerbrühe ergänzt werden; so wird es noch kräftigender.

Abkochung: 2-4 Teel. Süßholz mit 1/2 Liter kaltem Wasser übergießen, zum Sieden erhitzen, 1 Min. kochen, 10 Min. ziehen lassen. 2 mal tägl. 1 Tasse trinken.

6.41 Topfenknödel auf Erdbeermus

Kalorien p. Portion 553
Kochdauer ca. 30 Min.
Thermische Wirkung: kühl

Menge	Zutaten		
500 g.	Topfen 20%	ja	H
150 g.	Dinkel Grieß	ja	H
40 g.	Butter Bio	ja	E
2 Stück	Huhn Ei	ja	E
2 EL	Zucker (Staubzucker)		E
1 Prise	Salz	wenig	W
3 EL	Brösel (Weizenbrot, Semmel)		H
100 g.	Butter Bio	ja	E
500 g.	Erdbeere	ja	H
3 EL	Zucker (Staubzucker)		E

Kochanleitung:
Topfen, Grieß, Butter, Eier, Staubzucker und Salz zu einem glatten Teig rühren. Den Teig ca. 15 min. im Kühlschrank ruhen lassen.
Danach kleine Knödel mit ca. 4cm. Durchmesser formen und in leicht kochendem Salzwasser ca. 10 min. ziehen lassen. In einer Pfanne Butter erwärmen und die Brösel goldbraun anrösten. Die Knödel in den Bröseln vorsichtig wälzen. Mit dem Erdbeermus anrichten.

6.42 Tsampa mit Marmelade oder Obstkompott

Nährt Säfte, reduziert Magenhitze, stärkt Milz, produziert Essenz, harmonisiert Magen. Nähren Yin, befeuchten, befeuchtet Darm.
Kalorien p. Portion 280
Kochdauer ca. 5 min.
Thermische Wirkung: kühl

Menge	Zutaten		
3 EL	Tsampa (geröstetes Gerstenmehl)		E
6-8 EL	Wasser	ja	E
1/2 TL	Butter Bio	ja	E

Menge	Zutaten		
1 EL	Erdbeermarmelade		H
2 TL	Sonnenblumenkerne	ja	E
1 Stück gerieben	Apfel (süß)	ja	E

Kochanleitung:
Tsampa mit kochendem Wasser übergießen und mit einem Löffel umrühren bis ein Brei entsteht.
Butter, Marmelade, Sonnenblumenkerne und geriebenen Apfel dazugeben.
Süßen nach Geschmack mit Honig, Vollrohrzucker, oder Gerstenmalz
Gewürze und Kräuter: frische Minze, Vanille oder Kakao, Anis, Zimt

Sommer: Marmelade oder Kompott nach Wahl
Winter: Nüsse und Apfel oder Birne

6.43 Weizenfrischkornbrei mit Birnen

Befeuchtet Lunge, kühlt Hitze, reduziert Lungenschleim. Nährt Yin von Herz und Niere, stärkt Herz und Niere. Befeuchtet, entspannt, baut Qi auf, verteilt.
Kalorien p. Portion 309
Kochdauer ca. 25 Min.
Thermische Wirkung: kühl

Menge	Zutaten		
1 Tasse	Weizen	empfehlenswert	H
2-4 Tassen	Wasser	ja	E
2 Stück	Birne	empfehlenswert	E
1 EL	Rosinen	wenig	E
1 EL	Sesam, Weißer	ja	E
1 EL	Sonnenblumenkerne	ja	E
1 Prise	Kardamom		M
1 Prise	Salz	wenig	W

Kochanleitung:
Vorbereitung am Vorabend: Weizen grob schroten; über Nacht einweichen.
Am Morgen: Mit etwas heißem Wasser den Weizenschrot aufsetzen; etwa 15 Minuten unter Rühren köcheln; währenddessen, Birnenkompott, Rosinen,zerstoßenen Sesam, Sonnenblumenkerne, etwas gemahlenen Kardamom, eine kleine Prise Salz dazugeben.
Varianten: mit geriebenem Apfel oder mit Obst der Saison.

6.44 Weizengriesbrei mit rosa Grapefruit

Nährt Säfte, befeuchtet Trockenheit, Schwächezustände. Senkt das Lungen-Qi ab, nährt Säfte. Nährt Yin von Herz und Niere, befeuchtet, bewahrt die Säfte, zieht zusammen.

Kalorien p. Portion 398
Kochdauer ca. 10 Min.
Thermische Wirkung: kühl

Menge	Zutaten		
1/2 Liter	Kuhmilch (1,5 % Fett)	ja	E
100 g.	Weizen Grieß	empfehlenswert	H
40 g.	Zucker Ursüße (Zuckerrohr) süß	ja	E
1/2 Stück	Grapefruit/Pampelmuse/Pomelo	ja	F
2 TL	Zucker Ursüße (Zuckerrohr) süß	ja	E
1 Prise	Zimtpulver	weniger als angegeben	M

Kochanleitung:
Die Milch in einen Topf geben und auf dem Herd erhitzen. Ist die Milch warm, dann den Grieß mit einem Schneebesen einrühren. Den Zucker hinzugeben. Auf kleiner Flamme heißhalten, und warten bis der Grieß die Flüssigkeit aufgenommen hat.

In einen Teller geben, kleingeschnittene Spalten der Grapefruit dazugeben. Den Brei mit Zucker + Zimt bestreuen

7 Wirkung der Lebensmittel

7.1 Zutaten verwenden: empfehlenswert

7.2 Zutaten verwenden: ja

7.3 Zutaten verwenden: wenig

7.4 Kontraindikativ wirkende Lebensmittel nicht verwenden

Aal	Gans
Anis (gemeiner Fenchel)	Gans (Gänseklein)
Barsch	Gänseei
Bohnenöl	Garnele
Chili (Schote oder gemahlen)	Granatapfel
Cumin (Kreuzkümmel)	Grüner Tee
Curry	Grünkern
Dill	Hafer
Essig (Apfelessig)	Hafer Flocken (Vollkorn)
Fasan	Hafer Flocken geröstet
Fencheltee	Hafer Schmelzlocken

(Babynahrung)
Hagebuttentee
Haifisch
Hammel
Hase
Hering
Hirsch Fleisch
Huhn Fleisch
Huhn Herz
Huhn Leber
Huhn Magen
Hummer
Ingwer frisch
Ingwer Pulver
Kabeljau
Kaffee
Kakao
Kaninchen Fleisch
Kaninchen Leber
Kirsche
Kirschsaft
Knoblauch
Kohlrabi
Koriander
Kumquat
Languste
Lauch (Porree)
Lauchzwiebel Schnittlauch
Liebstöckel
Majoran
Makrele
Mittelmeerfisch (Kabeljau,
Scholle, Schellfisch, Seeaal,
Makrele)
Muskatnuss
Nelke
Pfeffer (gemahlen)
Pfeffer Cayenne
Pfeffer Körner
Pfeffer weiss (gemahlen)
Pfirsich
Pfirsich (Dose)
Piment

Pute Brustfleisch
Quargel 20%
Radieschen
Reh Fleisch
Rettich (weiß, grün, lila-rot)
Rind Filet
Rind Fleisch
Rind Fleischknochen
Rind Herz
Rind Knochenmark
Rind Leber
Rind Lunge (Kalb)
Rind Magen
Rind Niere
Rindfleisch (Kalb)
Rotwein
Sake
Sardellen/Sardine
Schaffleisch
Schimmelkäse
Schokolade
Scholle
Schwarztee
Schwein Fleisch
Schwein Haut
Schwein Haxe (Eisbein)
Schwein Herz
Schwein Leber
Schwein Magen
Senfsamen
Sternanis
Thunfisch
Umeboshipflaumen
(Japanaprikosen)
Weißwein
Wildschwein Fleisch
Yogitee
Ziege
Ziegen- und Schafsmilch
Ziegenkäse
Zimtpulver
Zimtstange
Zwiebel Frühlingszwiebel

8 Therapeutische Kräuter und deren Wirkungen

8.1 Eisenkraut

Zubereitung: Dekokt (Abkochung)
Klärt Hitze, löst Blutstasen.
Als Tee genossen, regt sie den Stoffwechsel an, wirkt gegen nervliche Erschöpfung und hilft bei Schlaflosigkeit und Migräne. Wegen harntreibender, schleimlösender Eigenschaften auch gegen Leber-, Nieren- und Magen-Darm-Beschwerden einsetzbar.

9 Kräuter aus den Rezepten und deren Wirkungen

9.1 Basilikum (frisch)

Trocknet aus, leitet nach unten.

9.2 Koriander

Schweiß treibend, reduziert Wind.

9.3 Kresse

Bewegt Qi und Blut, diuretisch, kühlt bei innerer Hitze, befeuchtet Lunge, löst Stagnation, leitet nach oben.

9.4 Löwenzahn (junger)

Kühlt Leber-Hitze, reduziert innere Hitze, weicht Knoten auf.

9.5 Petersilie

Nährt Blut und Leber, harmonisiert Leber und Milz, stärkt Sehkraft, bewahrt die Säfte, zieht zusammen.

9.6 Pfefferminze

Kühlt Hitze, vertreibt Schleim, Leitet Wind Kälte und Wind Hitze aus, bewegt Ma Qi, löst Stau.

9.7 Salbei

Vertreibt Schleim, leitet nach unten, Aktiviert Wei Qi, stärkt Qi.

10 Grundlagen der Ernährung

Die hier beschriebenen Grundlagen der Ernährung zeigen allgemeine Empfehlungen und beziehen sich nicht auf eine spezielle Therapieform. Die Empfehlungen der Therapie haben Vorrang.

10.1 Ernährung

Die regelmäßige Einnahme von Mahlzeiten in entspannter Atmosphäre. Ein wärmendes Frühstück gilt als guter Start in den Tag. Mittags sollte die Hauptmahlzeit stattfinden - das Abendessen am frühen Abend.

Die Beachtung von Hunger- und Sättigungsgefühlen: Nicht überessen und nicht hungern, so lautet die Regel.

Die frische Zubereitung der Speisen aus naturbelassenen, regionalen Produkten. Tiefgekühlte, hitzekonservierte, industriell vorgefertigte oder mikrowellengegarte Lebensmittel werden abgelehnt.

Die Auswahl von Lebensmittel nach der Jahreszeit: Im Sommer mehr kühlende Nahrung, im Winter mehr wärmende Nahrung.

Mindestens zweimal am Tag Gekochtes essen. Speisen und Getränke sollen möglichst handwarm, niemals eiskalt oder heiß sein.

Rohkost, kurz gegartes Gemüse, frisch gepresste Säfte und Mineralwasser werden üblicherweise nicht empfohlen. Milch und Milchprodukte stehen nur dann auf dem Speiseplan, wenn sie problemlos vertragen werden.

Therapeutische Rezepte nicht über einen längeren Zeitraum ohne Rücksprache mit dem Arzt oder Therapeuten einnehmen.

1. Vielseitig essen
Lebensmittelvielfalt genießen. Merkmale einer ausgewogenen Ernährung sind abwechslungsreiche Auswahl, geeignete Kombination und angemessene Menge nährstoffreicher und energiearmer Lebensmittel. (Einerseits Schutz vor Unterversorgung mit essentiellen Nährstoffen und andererseits Schutz vor einer überhöhten Zufuhr unerwünschter Inhaltsstoffe.)

2. Reichlich Getreideprodukte - und Kartoffeln
Brot, Nudeln, Reis, Getreideflocken (am besten aus Vollkorn), sowie

Kartoffeln enthalten kaum Fett, aber reichlich Vitamine, Mineralstoffe, Spurenelemente sowie Ballaststoffe und sekundäre Pflanzenstoffe. Diese Lebensmittel sollten mit möglichst fettarmen Zutaten verzehrt werden.

3. Gemüse und Obst - Nimm "5" am Tag ...
5 Portionen Gemüse und Obst am Tag, möglichst frisch, nur kurz gegart, oder auch eine Portion als Saft – idealerweise zu jeder Hauptmahlzeit und auch als Zwischenmahlzeit: Damit werden reichlich Vitamine, Mineralstoffe sowie Ballaststoffe und sekundären Pflanzenstoffe (z.B. Carotinoiden, Flavonoiden) zugeführt. Das Beste, was man für die eigene Gesundheit tun kann.

4. Täglich Milch und Milchprodukte, ein- bis zweimal in der Woche
Fisch; Fleisch, Wurstwaren sowie Eier in Maßen. Diese Lebensmittel enthalten wertvolle Nährstoffe, wie z.B. Calcium in Milch, Jod, Selen und Omega-3-Fettsäuren in Seefisch. Fleisch ist wegen des hohen Beitrags an verfügbarem Eisen und an den Vitaminen B1, B6 und B12 vorteilhaft. Mengen von 300 - 600 g Fleisch und Wurst pro Woche reichen hierfür aus. Fettarme Produkte bevorzugen, vor allem bei Fleischerzeugnissen und Milchprodukten.

5. Wenig Fett und fettreiche Lebensmittel
Fett liefert lebensnotwendige (essenzielle) Fettsäuren und fetthaltige Lebensmittel enthalten auch fettlösliche Vitamine. Fett ist besonders energiereich, daher kann zu viel Nahrungsfett Übergewicht fördern, möglicherweise auch Krebs. Zu viele gesättigte Fettsäuren fördern langfristig die Entstehung von Herz-Kreislauf-Krankheiten. Pflanzliche Öle und Fette bevorzugen (z.B. Raps-, Oliven- und Sojaöl und daraus hergestellte Streichfette). Auf unsichtbares Fett achten, das in Fleischerzeugnissen, Milchprodukten, Gebäck und Süßwaren sowie in Fast-Food- und Fertigprodukten meist enthalten ist. Insgesamt 70 - 90 Gramm Fett pro Tag reichen aus.

6. Zucker und Salz in Maßen
Nur gelegentlich Zucker und Lebensmittel, bzw. Getränke verzehren, die mit verschiedenen Zuckerarten (z.B. Glucosesirup) hergestellt wurden. Kreativ mit Kräutern und Gewürzen und wenig Salz würzen. Jodiertes Speisesalz bevorzugen.

7. Reichlich Flüssigkeit
Wasser ist absolut lebensnotwendig. Jeden Tag rund 1-2 Liter Flüssigkeit trinken. Wasser (ohne oder mit Kohlensäure) und andere kalorienarme Getränke bevorzugen. Alkoholische Getränke sollten nicht konsumiert

werden.

8. Schmackhaft und schonend zubereiten

Die jeweiligen Speisen bei möglichst niedrigen Temperaturen garen, soweit es geht kurz, mit wenig Wasser und wenig Fett - das erhält den natürlichen Geschmack, schont die Nährstoffe und verhindert die Bildung schädlicher Verbindungen.

9. Sich Zeit nehmen und das Essen genießen

Bewusstes Essen hilft, richtig zu essen. Auch das Auge isst mit. Sich beim Essen Zeit lassen. Das macht Spaß, regt an, vielseitig zuzugreifen und fördert das Sättigungsempfinden.

10. Auf das Gewicht achten und in Bewegung

Ausgewogene Ernährung, viel körperliche Bewegung und Sport (30 bis 60 Minuten pro Tag) gehören zusammen. Mit dem richtigen Körpergewicht fühlt man sich wohl und fördert die Gesundheit.
Thermik, Wirkrichtung, Verdauungskraft
Es gibt unterschiedliche Kriterien, die Wirksamkeit von Kräutern und Lebensmittel zu beurteilen. Der Einsatz der Kräuter und Zutaten basiert auf Beobachtung, was die Lebensmittel, Kräuter und Gewürze nach ihrem Verzehr im Körper bewirken. In der Medizin hat sich daraus folgendes System entwickelt: Jede Zutat oder Kraut hat eine Wirkrichtung. Außerdem gibt es noch Kräuter, die eine besondere Wirkung auf bestimmte Organe haben.

Voraussetzung für einen gesunden Stoffwechsel ist es, darauf zu achten, dass wir ausreichend Energie aus der Nahrung gewinnen und der Verdauungsprozess so wenig Energie wie möglich verbraucht. Eine bekömmliche Mahlzeit macht zufrieden und satt, verursacht keine Blähungen und keine Müdigkeit nach dem Essen. Richtiges Würzen erhöht die Bekömmlichkeit unserer Speisen. Es genügen oft schon geringe Mengen an Kräutern und Gewürzen. Sie dienen nicht dazu, uns satt zu machen, sondern helfen unseren Verdauungsorganen, die Nahrung zu verdauen.

10.2 Rezepte

Die Rezepte zeigen Ihnen welche Zutaten verwendet werden, sowie mit der Kochanleitung wie diese zubereitet werden. Bei den Zutaten wird neben den Mengenangaben auch die Wichtigkeit für die Therapie, das Wärmeverhalten sowie das Element angezeigt. Wenn dabei angezeigt wird "weniger als angegeben" versuchen Sie diese Empfehlung einzuhalten oder eine Alternative aus der Liste der "Empfohlenen Lebensmittel" zu finden. Meistens ist es nur eine leichte geschmackliche Änderung wenn Sie diese Zutat gänzlich weglassen.

Schonende Kochmethoden: Kochen, dämpfen, pochieren, dünsten
Scharfe Kochmethoden: Grillen, rösten, anbraten, räuchern
Ausgeglichene Kochmethoden: Frittieren, Römertopf

Auf das Einfrieren und erwärmen in der Mikrowelle sollte verzichtet werden (Denaturierung).

10.2.1 Rezepte nach Folge der Elemente kochen

In der TCM werden die Zutaten der Rezepte möglichst in der Reihenfolge der Elemente verwendet, welches eine erhöhte Bekömmlichkeit und energetische Qualität ergibt. Den Beginn macht die Kochmethode mit der begonnen wird. Wird in einer Pfanne oder Topf etwas erwärmt ist das Element das Feuer. Diese 5 Elemente stehen in Beziehung zueinander und haben eine natürliche Reihenfolge, die den Jahreszeiten entspricht. Metall - Wasser - Holz - Feuer - Erde.
So stärkt das jeweilige Element das das ihm nachfolgende. Die Zutaten können dann in Gruppen der jeweiligen Elemente beigegeben werden. Es sollten nach Möglichkeit immer alle 5 Elemente in einer Speise vorhanden sein. Das Element mit dem man aufhört, ist am wirksamsten. Das bedeutet, gebe Sie am Ende noch etwas Petersilie über das Gericht, hat es den größten Einfluss auf die Leber, da sowohl Petersilie als auch die Leber zum Holzelement zählen.

Wenn Sie nach dieser Methode kochen wollen, sollten Sie bei einem TCM-Ernährungsberater oder einem TCM-Kochkurs weitere Feinheiten kennen lernen. Grundlagen sehen Sie auf:
https://de.wikipedia.org/wiki/Fünf-Elemente-Lehre

Organ	Element
Leber, Galle	Holz
Herz, Dünndarm	Feuer
Milz, Magen	Erde
Lunge, Dickdarm	Metall
Nieren, Blase	Wasser

10.3 Lebensmittel

In der Traditionell Chinesischen Medizin werden alle Lebensmittel den 5 Elementen Holz, Feuer, Erde, Metall und Wasser zugeordnet.

Lebensmittel wirken wie Heilkräuter auf Körper und Geist, nur wesentlich sanfter. Die Ernährungsberatung stützt sich hauptsächlich auf heimische Lebensmittel. Das Wissen über die Wirkungsweisen jedes einzelnen Lebensmittels und das Wissen wann welche Lebensmittel zur Anwendung kommen, entstammt der Schulmedizin. Verwende Sie möglichst Erzeugnisse aus ökologischen-biologischem Landbau.

Da wegen der besseren Verdaulichkeit grundsätzlich alles lange gekocht und kaum roh gegessen wird, ist die Verträglichkeit hervorragend.

Die Einteilung der Lebensmittel entsprechend ihrer Wirkung auf den Körper und bildet die Basis, um einen ausgewogenen und harmonischen Gesundheitszustand im Körper zu erreichen.

Grundsätzlich empfiehlt die Ernährungsberatung keine bestimmten Lebensmittel für Jedermann. Ausschlaggebend für den individuellen Speiseplan ist vor allem die persönliche Konstitution.

Kaufen Sie nur frisches und reifes Obst und Gemüse ein. Braune Stellen, welke Blätter aber auch unreifes Obst und Gemüse sollten Sie im Supermarkt zurücklassen. Greifen Sie dann zu Tiefkühlware (keine Fertiggerichte!). Tiefkühlobst und -gemüse werden kurz nach dem Ernten schockgefroren und enthalten deshalb oftmals mehr Vitamine und Mineralstoffe, als die Ware aus der Obst- und Gemüsetheke! Konserven- und Dosenware dagegen enthält wesentlich weniger Biostoffe. Zudem werden Letztere meist mit Salz, Zucker usw. angereichert. Lassen Sie die Zutaten nach dem Waschen nie im Wasser liegen, denn so gehen viele Vitalstoffe ins Wasser über! Putzen Sie Salate, Früchte und Gemüse erst unmittelbar vor Verzehr.

Beachten Sie bitte die hygienische Verarbeitung der Lebensmittel. Waschen Sie Ihre Salate, Früchte und Gemüse gründlich. Bei Gerichten mit Fleisch bereiten Sie zuerst die Zutaten vor und verarbeiten dann die Fleischprodukte. Reinigen Sie danach die Arbeitsflächen und Werkzeuge besonders gründlich. Holzunterlagen sollten regelmäßig mit leichtem Desinfektionsmittel behandelt werden um die Keimbildung einzuschränken.

Bewahren Sie Obst und Gemüse möglichst getrennt voneinander auf. Auch geerntete Früchte und Gemüse leben und strömen z.B. Ethylengas aus, das andere Sorten schneller reifen und altern lässt. Fleisch und Fisch in der verschlossenen Verpackung lassen oder in luftdichten Boxen im Kühlschrank aufbewahren.

10.4 Kräuter

Bei der Aufbewahrung und Lagerung von Heilkräutern, müssen gewisse Grundregeln beachtet werden. Grundsätzlich müssen Heilkräuter geschützt vor direkter Sonneneinstrahlung, vor Feuchtigkeit und vor heißen Temperaturen gelagert werden.

Als Gefäße für die Lagerung von Heilkräutern können Gläser, Keramik-Behälter und zur Not auch Plastik-Dosen eingesetzt werden. Plastik ist aber ein sehr unreines Material und sollte daher wirklich nur eine kurzfristige Notlösung sein. Bei Glasbehältern ist darauf zu achten, dass dunkles Glas verwendet wird.

Heilkräuter können nicht beliebig lange aufbewahrt werden. Die Haltbarkeit von Heilkräutern ist auf jeden Fall begrenzt. Durch die Haltbarkeitsdauer kann durch sachgerechte Lagerung wesentlich erhöht werden. So soll der Lagerplatz dunkel, eher kühl und absolut trocken sein. Ein Medizinschrank aus Holz, der nicht direkt bei einer Wärmequelle platziert ist wäre ideal. Um Ihre Heilkräuter nicht wegwerfen zu müssen, kaufen Sie nicht zu große Mengen an Heilpflanzen. Beschriften Sie die Behälter mit dem Namen des Heilkrauts und dem Datum der Ernte bzw. der Verarbeitung.

11 Weitere Ernährungsvorschläge

Folgende Syndrome der Diätetik, der TCM oder als Therapieergänzung bei Krebs sind verfügbar.

DIÄTETIK
1. Ernährung des Säuglings - Beikost
2. Ernährung in der Stillzeit
3. Ernährung im Alter
4. Ernährung von Kindern und Jugendlichen
5. Ernährung von Sportlern
6. Leichte Vollkost
7. Schwangerschaft
8. Vollkost

Eiweiß und Elektrolyt – Nieren
9. (Hämo-)Dialysebehandlung
10. Akutes Nierenversagen
11. Chronische Niereninsuffizienz
12. Nephrotisches Syndrom
13. Nierensteine (Nephrolithiasis)

Gastrointestinaltrakt - Bauchspeicheldrüse
14. Akute Pankreatitis (Entzündung der Bauchspeicheldrüse)
15. Chronische Pankreatitis (Entzündung der Bauchspeicheldrüse)

Gastrointestinaltrakt - Dünndarm und Dickdarm
16. Akute Obstipation (Verstopfung)
17. Chronische Obstipation (Verstopfung)
18. Colon irritabile
19. Divertikulitis
20. Erworbene Laktoseintoleranz (Laktosemalabsorption)
21. Fruktosemalabsorption
22. Glutensensitive Enteropathie (Zöliakie)
23. Kolektomie
24. Kurzdarmsyndrom

Gastrointestinaltrakt - Leber, Gallenblase, Gallenwege
25. Akute und chronische Hepatitis (Entzündung der Leber)
26. Cholelithiasis (Gallensteine)
27. Fettleber
28. Leberzirrhose

Gastrointestinaltrakt - Magen und Zwölffingerdarm
29. Akute Gastritis
30. Chronische Gastritis
31. Magenblutung
32. Ulcus ventriculi und Ulcus duodeni
33. Zustand nach Magenoperation

Gastrointestinaltrakt - Mundhöhle und Speiseröhre
34. Mundschleimhautentzündung
35. Ösophaguskarzinom (Speiseröhrenkrebs)
36. Reflüxösophagitis (Sodbrennen)

spezielle Krankheiten
37. Phenylketonurie (PKU)

38. Rheumatische Gelenkserkrankungen
Stoffwechsel
39. Adipositas (Übergewicht)
40. Diabetes mellitus
41. Essstörungen (Untergewicht)
Fettstoffwechsel
42. Hypercholesterinämie (erhöhter Cholesterinspiegel)
43. Hepatische Enzephalopathie
Herz- und Kreislauf
44. Arteriosklerose (Arterienverkalkung)
45. Herzinsuffizienz
46. Hypertonie (Bluthochdruck)
47. Hyperurikämie und Gicht
veränderter Nährstoffbedarf
48. bei Fieber
49. bei malignen Erkrankungen
50. nach Verbrennungen
51. Strahlen- und Chemotherapie

KREBS
100. Bauchspeicheldrüse
101. Blasenkrebs
102. Blutkrebs (Leukämie)
103. Brustkrebs
104. Darmkrebs
105. Magenkrebs
106. Nierenkrebs
107. Speiseröhrenkrebs

TCM
200. Blase - Feuchte Hitze in der Blase
201. Blase - Feuchtigkeit und Kälte in der Blase
202. Blase - Leere und Kälte in der Blase
203. Dickdarm - äussere Kälte befällt den Dickdarm
204. Dickdarm - Feuchte Hitze im Dickdarm
205. Dickdarm - Hitze blockiert den Dickdarm II akut
206. Dickdarm - Trockenheit des Dickdarms
207. Dickdarm - Yang Mangel (Kälte)
208. Herz - Blut Mangel
209. Herz - Blut Stagnation
210. Herz - Feuer
211. Herz - Heisser Schleim verstopft die Herzporen
212. Herz - Kalter Schleim verstopft die Herzporen
213. Herz - Qi Mangel
214. Herz - Yang Mangel
215. Herz - Yin Mangel
216. Leber - aufsteigender Leber-Yang
217. Leber - Blut-Mangel
218. Leber - Blut-Stagnation
219. Leber - feuchte Hitze in Leber und Gallenblase
220. Leber - Feuer
221. Leber - Gallenblase Qi-Leere
222. Leber - Kälte im Lebermeridian

12 EBNS - Software für die Ernährungsberatung

Die Hauptaufgabe der Datenbank ist eine „**personalisierte Ernährungsberatung**" für jeden Patienten individuell. Die Datenbank wurde für die Diätetik und Traditionellen Chinesischen Medizin entwickelt. Sie Unterstützt bei der Ausbildung und Beratung im Arbeitsalltag.

Das Computerprogramm liefert Listen von Rezepten, Zutaten und Kräuter, welche dem Klienten mitgegeben werden. Individuell nach Patienten-Wunsch von Vollkost bis Vegetarier (Lacto-, Ovo-, ...) einstellbar. Zu jedem Register gibt es ein INFOBLATT welches einmal dem Klienten mitgegeben werden kann.

Die Syndrome sind kombinierbar und ergeben eine Schnittmenge der empfehlenswerten Rezepte und Zutaten. Die automatisierte Diagnose für die TCM ermöglicht Ihnen während der Ausbildung Ihre Erfahrungen zu überprüfen sowie im Arbeitsalltag ihre Diagnose zu bestätigen. Sie wählen mehrere vordefinierte Symptome und lassen sich vom Programm die relevanten Syndrome automatisch anzeigen.

Wie Sie mit der Datenbank arbeiten können:
Sie können alle Werte verändern, neue Symptome oder Syndrome anlegen, Rezepte entwickeln, verändern oder Zutaten und Kräuter an Ihre Erkenntnisse anpassen. In der einfachen Klientenverwaltung werden alle relevanten Daten zu der Person gespeichert. Sie bekommen einen Überblick über die zurückliegenden Diagnosen und die Entwicklung des Krankheitsverlaufes.

Als Berater sparen Sie viel Zeit, wenn Sie für die erkannten Syndrome die Rezept-, Lebensmittel- und Kräuterlisten ausdrucken und den Klienten mitgeben. Diese Zeit können Sie für das persönliche Gespräch nutzen.

Alle Rezept- und Lebensmittellisten können Sie auch als Kombination mehrerer Erkrankungen bestellen. Mit der Datenbank können Sie außerdem für jedes Rezept die Nährstoffe und Spurenelemente angezeigt bekommen und Rezepte für Syndrome selbst mit vorgeschlagenen Zutaten entwickeln.

Weitere Informationen finden Sie auf http://www.ebns.at. Josef Miligui, Tel.: +43 660 121 05 00